www.tredition.de

AF208604

Ramona Hoeffel

Du hast nur 1 Leben übrig

Spiele das Spiel deines Lebens und nutze deine Lebenszeit sinnvoll

© 2020 Ramona Hoeffel

Verlag und Druck: tredition GmbH, Halenreie 40-44, 22359 Hamburg

ISBN
Paperback: 978-3-347-01335-3
Hardcover: 978-3-347-01336-0
e-Book: 978-3-347-01337-7

Das Werk, einschließlich seiner Teile, ist urheberrechtlich geschützt. Jede Verwertung ist ohne Zustimmung des Verlages und des Autors unzulässig. Dies gilt insbesondere für die elektronische oder sonstige Vervielfältigung, Übersetzung, Verbreitung und öffentliche Zugänglichmachung.

Du hast nur 1 Leben übrig

Spiele das Spiel deines Lebens und nutze deine Lebenszeit sinnvoll

Ramona Hoeffel

Das Leben als Spiel betrachten

Wenn du jemals ein gutes Videospiel gespielt hast, wirst du wahrscheinlich viel Zeit damit verbracht haben. Egal, ob du ein Rennen fährst, mit deinem In-Game-Charakter unbekannte Welten erkundest oder deinen Feind besiegen musst – Spiele bringen eine Menge Freude. Wenn wir jedoch erwachsen werden, geben wir Spiele schliesslich zugunsten produktiverer Aktivitäten auf.

Wir setzen uns mit der Realität auseinander und gehen die Dinge praktischer an. Diejenigen, die sich lange Zeit mit Spielen beschäftigen, werden als unreifer Nerd angesehen. Wenn wir uns von Spielen entfernen und uns mit feierlicheren Dingen beschäftigen, verlieren wir unweigerlich unseren Sinn für Verwunderung und die Fähigkeit, uns selbst weniger ernst zu nehmen.

Das Leben muss nicht langweilig sein. Wir können uns der Realität auf die gleiche Weise stellen wie in der virtuellen Welt. Tatsächlich leben wir besser, wenn wir das Leben wie ein Spiel angehen.

Verbanne deine Angst vor dem Versagen

Wurdest du jemals in einem Spiel besiegt und dir erklärt, dass es dein Ende ist? Wahrscheinlich nicht, denn das wäre absurd.

Doch im Leben tun wir das oft. Wenn wir erwachsen werden und uns auf gesellschaftliche Normen und Konventionen einstellen, entwickeln wir eine Angst vor dem Versagen. Diese Angst vor dem Versagen ätzt sich in uns ein und einige überwinden diese Angst leider nie ganz und verbringen die Dauer ihrer Zeit auf der Erde, ohne überhaupt gelebt zu haben.

Wir sehen das Versagen als einen tödlichen Schlag statt einer Narbe, die uns an die Fehler erinnert, die wir gemacht haben. Daher leben wir zaghaft und haben Angst, Risiken einzugehen und einen neuen Anfang zu wagen. Die Angst vor dem Versagen wird lähmend.

Das passiert nicht in Spielen. Spieler geben selten auf und verlieren ihre Motivation, wenn sie bei einer Mission scheitern. Stattdessen verdoppeln sie ihre Motivation und lernen aus ihren Fehlern, bevor sie das gleiche Szenario erneut versuchen. Oft hat man das Gefühl, dass man kurz davor ist, die nächste Stufe zu erreichen oder etwas Wichtiges zu entdecken, das einen dorthin führt.

Warum der Unterschied in der Art und Weise, wie wir das Leben und das Spielen angehen? Die Antwort ist, dass wir verstehen, dass wir immer wieder neu anfangen und versuchen können, ein vor uns liegendes Hindernis zu überwinden. Aber auch das gilt für das Leben – wir können uns nach jeder Niederlage immer wieder erholen.

Zwar sind die Einsätze in der Realität sicherlich höher als in der virtuellen Welt, aber die optimale Strategie ist immer noch die, die wir in Spielen verwenden. Umso mehr sollten wir ohne Angst vor dem Versagen an das Leben herangehen.

Die Mission erfüllen

Spiele kommen oft mit festen Zielen, die vom Spieler erreicht werden müssen. In solchen Modi wird der Sieg nicht dadurch definiert, wie oft man seinen Gegner tötet, sondern ob man sein Ziel erreicht.

Interessanterweise hat dies den Begriff "objective gaming" hervorgebracht, der an sich schon seltsam erscheint, denn was macht man, wenn man das Ziel nicht erreicht? Doch das scheint das zu sein, was jeder tut. Wie Spieler, die von einer positiven „Kill-Bilanz" besessen sind, jagen wir Metriken wie Geld, Prestige und sozialen Status nach, auch wenn sie für unsere Ziele nicht relevant sind.

Spiele sind interessant, weil sie eine Erzählung bieten, die unserem Leben einen Kontext und Sinn verleiht. Sie bieten Zweck und Richtung – warum wir tun, was wir tun. Dies zeigt sich oft, wenn Aufgaben erteilt werden, mit klaren Anweisungen, was wir tun müssen, damit die Geschichte voranschreitet.

In ähnlicher Weise sind wir der Protagonist im Spiel des Lebens. Jeder von uns hat eine einzigartige Aufgabe zu erfüllen. Einige wenige glückliche Menschen werden geboren, die wissen, was ihre Aufgabe ist, andere müssen sie finden und die verbleibenden müssen eine für sich selbst schaffen. Ohne Suche gibt es kein Ziel zu erreichen und damit auch kein mögliches Gefühl der Erfüllung.

Der Hauptgrund für die Spielsucht der Menschen ist, dass sie in der virtuellen Welt mehr Sinn als in der Realität finden. Wir können im Leben weiterkommen, wenn wir ein Ziel haben, dem wir uns zutiefst verpflichtet fühlen.

Wie würde unser Leben aussehen, wenn wir eine reale Mission für uns selbst schaffen würden?

Sich der Arbeit stellen

Wenn du denkst, dass Spielen ein leichtes Geschäft ist, dann denke noch einmal darüber nach. Es gibt einen Grund, warum Branchen wie E-Sport und Gaming so stark boomen.

Leider spezialisiert sich der durchschnittliche junge Mensch nie wirklich. Die meisten würden es nicht schaffen, ein professioneller Spieler zu werden. Es ist jedoch klar, dass wir uns bei den Dingen, die wir lieben, auszeichnen. Kinder und Jugendliche können in Online-Multiplayer-Rollenspielen stundenlang verweilen und dabei eine Art von Disziplin an den Tag legen, die selbst die strengsten Erwachsenen nur ungern anerkennen.

Mit der Absicht kommt die Produktivität. Wenn du dein Leben auf ein bestimmtes Ziel ausrichtest, mit dem du dich beschäftigst, kannst du schnell Fortschritte machen. Spiele sind insofern einzigartig, als sie es dem Einzelnen ermöglichen, sich über einen längeren Zeitraum intensiv zu konzentrieren.

Noch wichtiger ist, dass Spiele eine deutliche Tendenz zur Aktion haben. Unabhängig vom Genre deines Videospiels gibt es keine Spielmechanik, die den Benutzer absichtlich dazu bringt, Däumchen zu drehen. In einem gut gestalteten Spiel gibt es immer etwas zu tun. Wenn du diesen Ansatz beim Spielen auch im realen Leben anwendest, kannst du zweifellos mehr erreichen.

Das Leben belohnt die Ausführung, nicht das Planen und Denken.

Belohne dich selbst

Spiele bieten oft Belohnungen in Form von neuer Ausrüstung oder neuen Inhalten nach dem Abschluss jedes Ziels, was nicht nur die Geschichte des Spiels voranbringt, sondern auch die Motivation für den Einzelnen, die nächste Mission zu erfüllen.

Dies geschieht, weil die Belohnungen unsere Dopamin-Level erhöhen, was uns Energie gibt und uns ein schönes Glücksgefühl verleiht. Dopamin ist die gleiche Chemikalie in unserem Gehirn, die uns nach Lastern wie Glücksspiel, Alkohol und Nikotin süchtig macht. Es kann aber auch dazu verwendet werden, eine Sucht nach Progression zu erzeugen – genau der Effekt, mit dem Spiele Menschen dazu verleiten, stundenlang am Gaming-Kontroller zu kleben.

Wir können diese Umgebung wiederherstellen, indem wir unsere kleinen Gewinne verfolgen und feiern. Dies ist bereits in der Fitnessbranche zu beobachten, die mehrere Apps hervorgebracht hat, die das Training durch die Vergabe von Punkten und sogar Preisgeldern belohnen.

Während es die Sorge gibt, dass viele Menschen Dinge um der Belohnung willen tun und aus den Augen verlieren, warum sie damit angefangen haben, bleiben sie doch als extrinsische Motivation eine brauchbare Option. Eine bessere Methode wäre es, Belohnungen zu verwenden, um die Motivation aufrechtzuerhalten und ein Burn-out zu vermeiden, während du deine Zeit damit verbringst, Großes zu erreichen.

Sich selbst pushen

Gut entworfene Spiele werden Szenarien haben, die herausfordernder sind als das vorherige. Wenn die Benutzer Erfahrung und Kompetenz mit der Spielmechanik und -strategie gewinnen, sind sie aufgefordert, Aufgaben zu übernehmen, die es erfordern, sich neu zu erfinden.

Es ist dieser Prozess der ständigen Erneuerung, der es uns erlaubt, schnell zu wachsen. Wir sind gezwungen, uns an neue Gegebenheiten im Spiel anzupassen. Diese Anpassung gewährt uns folglich neu gewonnene Fähigkeiten und Fertigkeiten, die uns langfristig weiterhelfen und sich auf andere Unternehmungen übertragen. Genau das Gleiche geschieht im Leben.

Biologisch gesehen werden wir stärker, indem wir uns an neue Anforderungen an unseren Körper anpassen. Das ist der Hauptmechanismus für die Muskelhypertrophie. Das Heben von schweren Gewichten zwingt uns, uns zu bewegen, wodurch feine Risse in unseren Muskeln entstehen. Um mit dieser neuen Belastung fertig zu werden, repariert sich unser Körper nicht nur, sondern stärkt sich auch selbst. Je länger die Zeit unter Spannung, desto schneller wächst der Körper.

Es kann zwar schmerzhaft sein, sich in Unannehmlichkeiten zu stürzen, aber es ist bei Weitem der schnellste Weg, um ein schnelles persönliches Wachstum zu erreichen. Dies ermöglicht ein schnelles Lernen durch Tun, mit sofortiger Rückmeldung, was gut und was schlecht läuft. Wenn du scheiterst, scheiterst du Richtung vorwärts.

Wenn du in das kalte Wasser geworfen wirst und gezwungen bist zu schwimmen, lernst du zumindest, dass du auf dem Wasser nicht laufen kannst. Wenn du dich im Leben auf ein höheres Niveau bringen willst, ist der schnellste Weg, dafür zu sorgen, dass jede Herausforderung am Rande deiner Komfortzone liegt, wenn nicht sogar darüber hinaus.

Nach Unterstützung suchen

Wenn du schon einmal ein Online-Rollenspiel gespielt hast, wirst du feststellen, dass es normalerweise eine Gruppe von Leuten gibt, die ihren Status als die Top-Spieler im Spiel zementiert haben. Diese Spieler haben eine grosse Anhängerschaft, wobei viele Spieler ihre Strategien zum Aufstieg in der Rangliste nachahmen.

Das ist ähnlich wie im Leben, wo wir die Routinen von Giganten wie Marc Zuckerberg, Steve Jobs und Bill Gates verfolgen und spiegeln. Was jedoch anders ist, ist, dass wir oft Angst haben, nach Unterstützung zu greifen. Wir vermeiden den Kontakt mit anderen, die wir nicht in unserer Liga sehen, obwohl dies der schnellste Weg ist, um vorwärtszukommen.

Die meisten Rollenspiele haben zum Beispiel ein Feature, das es dir erlaubt, Gruppen zu bilden, um schwierige Missionen zu übernehmen. Neuere Spieler können dieses Feature oft nutzen, um Hilfe von den Etablierten zu bekommen, sodass sie Aufgaben bewältigen können, die mit ihrer eigenen Kraft nicht möglich wären. Rasantes Wachstum entsteht auf diese Weise, weil sie mit externer Unterstützung unverhältnismässig schwierige Herausforderungen annehmen.

Das kannst auch du tun. Suche bewusst nach Menschen, die intelligenter, sachkundiger und fähiger sind als du. Diese Menschen werden dir als Mentoren dienen. Lass dich nicht dadurch einschüchtern, dass du dich immer in der Gesellschaft von versierten Menschen befindest – du kannst von ihnen nur profitieren. Du bist der Durchschnitt der fünf Personen, mit denen du die meiste Zeit verbringst.

Wenn du der „dümmste" im Raum bist, kannst du nur lernen und gewinnen.

Mit Unfairness umgehen

Im Leben geht es nicht um die Voraussetzungen, die einem in die Wiege gelegt werden, sondern darum, wie man sie benutzt.

Wir haben viele Beschwerden im Leben. Es scheint, dass die Chancen nie zu unseren Gunsten stehen. Nichts läuft so, wie wir wollen. Das Wetter ist nie perfekt; in der Schule läuft es selten gut; die Beförderung im Job dauert ewig; das Internet ist zu langsam und das Geld, ja, das Geld reicht nie aus.

Wir können nicht kontrollieren, was mit uns passiert, sondern nur, wie wir reagieren. Eine Sache, die Spieler sehr gut machen, ist die Reaktion auf unerwartete Vorfälle. Sie finden Wege, um Fehler zu umgehen – die selbst im bestgebauten Spiel passieren – und ihre Mission weiterzuführen. Einige finden sogar Wege, um Schlupflöcher im Spiel auszunutzen.

Ähnlich verhält es sich mit der wahrgenommenen Ungerechtigkeit, mit der wir nur lernen können, umzugehen. Man kann entweder darüber hinweggehen oder in der Vergangenheit bleiben, um die Hand, die man bekommt, zu missgönnen. Du kannst mit dem Spielen eines Videospiels aufhören, wenn es dir nicht gefällt, aber du kannst das Spiel des Lebens nicht aufgeben.

Es wird geschätzt, dass im Jahr 2019 bis zu 4,14 Milliarden Menschen keinen Zugang zum Internet hatten. Wenn du diesen Ratgeber liest oder jemals ein Online-Rollenspiel gespielt hast, weisst du, dass es dir bereits besser geht als vielen anderen Menschen.

Du hast die Kontrolle

Das Spiel des Lebens ist das grösste und wichtigste Mission, die du jemals spielen wirst. In dieser Mission diktierst du deine eigene Erzählung und bestimmst den Weg, den du einschlagen wirst. Es gibt keine Ziele, die erreicht werden müssen. Du bist die Hauptfigur in deiner eigenen Geschichte – wie weit du gehst, liegt ganz bei dir.

Ein Spiel macht nur deshalb Spass, weil es uns begeistert und weiterhin ein neuartiges Erlebnis ist. Das gilt auch für das Leben: Wir müssen es so gestalten, dass wir uns jeden Tag aufs Neue engagieren und tief einbeziehen.

Beginne deine eigene Suche. Nimm den weniger befahrenen Weg. Erforsche und experimentiere ohne Angst vor Konsequenzen. Tu das, was noch nie zuvor getan wurde. Lebe dein Leben zu deinen eigenen Bedingungen. Du hast nur dieses eine Leben.

Denke vor allem daran, das Spiel des Lebens zu geniessen.

Spiele das Spiel deines Lebens

Wie du zweifellos bemerken konntest, ist das Spiel des Lebens oft ziemlich schwierig. Du musst dich unerwarteten Herausforderungen und langen Phasen der Frustration stellen. Du wirst oft mit Selbstzweifel kämpfen, dich von Hilflosigkeit und Verlust überwältigt fühlen.

Ja, das Leben ist hart, wie man so schön sagt.

Aber keine Angst, dieser kurze Leitfaden soll dir helfen, deine Missionen zu erfüllen und das Spiel auf dem höchstmöglichen Niveau abzuschliessen.

So gewinnt man im Leben

Das Ziel des Lebens ist einfach: Es ist, so viel wie möglich zu nivellieren. Jeder Level im Leben stellt eine besondere Herausforderung dar, die es zu meistern gilt. Sobald du diese Herausforderung überwunden hast, kannst du zum nächsten Level übergehen. Das Ziel ist es, so viele Levels wie möglich abzuschliessen. Am Ende des Spiels bekommt die Person auf dem höchsten Level die schönste Beerdigung.

Es gibt fünf verschiedene Level, in die das Leben eingeteilt werden kann:
- Level 1: Essen und ein Bett zum Schlafen finden
- Level 2: Wissen, dass du nicht sterben wirst
- Level 3: Deine Leute finden
- Level 4: Etwas tun, das wichtig und wertvoll für dich und andere ist
- Level 5: Ein Vermächtnis erstellen

Im ersten Level geht es nur darum, dass du nicht obdachlos bist oder hungern musst. Dies ist eine Voraussetzung für die meisten Menschen von uns. Die Chancen sind hoch, dass du, wenn du in diesem Level verweilst, diesen Satz hier nicht einmal lesen wirst.

Das zweite Level wird etwas komplizierter, denn viele Leute haben zwar einen schönen Schlafplatz, in dem sie jede Nacht schlafen können, aber sie können nicht schlafen, weil vor der Tür Schüsse fallen, Bomben explodieren oder jemand versucht, das Haus in Brand zu stecken. Nichts von all dem ist cool. Level 2 erfordert, dass du ein sicheres und stabiles Zuhause findest, indem du dich ausruhen kannst. Um dieses Level zu überwinden, muss man einen Weg finden, sich erfolgreich aus diesen gefährlichen Situationen zu befreien.

Level 3 bedeutet Beziehungen, die richtigen Menschen zu finden, die man lieben kann und die richtigen Menschen, die einen lieben. Das klingt viel einfacher und macht mehr Spass, als es ist. Vor allem, weil, wie du wahrscheinlich schon herausgefunden hast, die meisten Menschen dir unsympathisch sind.

Level 4 bedeutet, dass man sich eine Fertigkeit, ein Wissen oder eine Fähigkeit aufbaut, die der Welt um einen herum einen Mehrwert bringt und einem dabei auch das Gefühl gibt, ein erfolgreicher Typ zu sein.

Level 5 bedeutet einfach sicherzustellen, dass dein Leben von Bedeutung ist, wenn du nicht mehr auf dieser Erde bist. Etwas zu schaffen, von dem die Menschen noch nach deinem Tod profitieren können.

Die meisten von uns bekommen einen schönen Vorsprung durch unsere Eltern. Wenn du Glück hast, werden deine Eltern dich erfolgreich durch die ersten 3 Level geführt haben und dir sogar einen netten Schubser geben, um Level 4 zu erreichen.

Die Gestaltung des Lebens

Das Leben ist ein grosses und komplexes Spiel. Es ist das grösste bisher bekannte Spiel der offenen Welt. Wir alle beginnen mit unterschiedlichen Startwerten und wir werden in eine Vielzahl von Umgebungen platziert, die uns entweder Vorteile oder Nachteile bringen können.

Aber da die meisten Menschen Schwierigkeiten haben, das Leben zu gestalten, gehen sie deshalb davon aus, dass sie keine Kontrolle über ihr eigenes Leben haben. Aber nichts könnte weiter von der Wahrheit entfernt sein.

Das Design des Lebens ist tatsächlich überraschend einfach. Es wird von einigen wenigen Grundprinzipien geleitet, die dem Spieler eine Erfahrung mit einer grossen Menge an Zufälligkeit vermitteln sollen.

Das Leben ist so konzipiert, dass es immer wieder schwierige und unerwartete Probleme auf dich wirft. Das Leben ist ein nicht enden wollender Strom von Problemen, denen man sich stellen, sie überwinden und lösen muss. Wenn das Leben zu irgendeinem Zeitpunkt keine Probleme mehr hat, die man uns geben kann, dann werden wir als Spieler unbewusst Probleme für uns selbst erfinden. Probleme sind das, was uns beschäftigt und unserem Leben einen Sinn gibt und daher notwendig ist, um die Level 4 und 5 zu meistern (Wert zu geben und ein Vermächtnis zu hinterlassen).

Als Spieler verbringen wir die meiste Zeit damit, uns auf die zu erwartenden Probleme vorzubereiten. Aber es ist wegen dieser Vorbereitung, dass die schwierigsten Probleme, die wir im Leben erfahren, definitionsgemäss unerwartet sind.

Diese ständige Flut von unerwarteten Problemen gibt dem Spieler das Gefühl, dass es ihm an Kontrolle über sein eigenes Leben fehlt, obwohl der Zweck des Lebens eigentlich nicht darin besteht, zu kontrollieren, was mit dir passiert, sondern eher darin, die Reaktionen auf das, was mit dir passiert, zu kontrollieren und auf höherer Ebene zu wählen.

Die Spieler können auf Probleme entweder mit Lösungen oder Ablenkungen reagieren. Alle Spieler müssen auf Probleme mit einer Aktion reagieren (selbst die Entscheidung, nicht auf ein Problem zu reagieren, ist selbst eine Aktion).

Alle Aktionen lassen sich auf zwei Arten aufteilen: Lösungen und Ablenkungen.

Lösungen sind Aktionen, die ein Problem lösen und verhindern, dass es sich in Zukunft fortsetzt oder wiederholt. Ablenkungen sind Aktionen, die darauf abzielen, den Spieler entweder von der Existenz des Problems abzulenken oder den Schmerz, den das Problem verursachen kann, zu dämpfen.

Wenn ein Spieler das Gefühl hat, dass er ein Problem versteht und in der Lage ist, es zu lösen, wird er eine Lösung verfolgen. Wenn die Spieler den Misserfolg des Lebens satthaben, dann werden sie wahrscheinlich Ablenkungen verfolgen, um ihnen zu helfen, so zu tun, als ob das Problem nicht wirklich da ist.

Je mehr jede Lösung oder Ablenkung benutzt wird, desto einfacher und automatischer wird es in Zukunft sein. Je öfter eine Lösung oder Ablenkung verwendet wird, desto einfacher wird sie wiederzuverwenden sein, bis zu dem Punkt, an dem sie schliesslich unbewusst und automatisch wird. Sobald eine Lösung oder Ablenkung unbewusst und automatisch ist, wird sie zur Gewohnheit.

Gewohnheiten sind notwendig, weil sie verhindern, dass du auf frühere Level zurückfallen kannst, die du bereits gemeistert hast. Wenn ein Spieler eine Lösung für einen Level gefunden hat, muss er diese Lösung so oft anwenden, dass sie zur Gewohnheit wird, damit er diesen Level meistert und in den nächsten Level aufsteigen kann.

Lösungen bringen uns zum nächsten Level, Ablenkungen halten uns auf dem gleichen Level. Da das Erlangen eines Levels im Leben das Lösen von Problemen erfordert, garantiert uns die Ablenkung von unseren Problemen, dass wir auf der gleichen Ebene feststecken werden.

Wenn unsere Ablenkungen zu Gewohnheiten werden, dann werden wir ständig auf einem Level feststecken und uns dessen nicht einmal bewusst sein. Wenn du dich jemals gefragt hast, warum alle deine Beziehungen in den letzten Jahren kläglich versagt haben, dann stehen die Chancen gut, dass deine Ablenkungsgewohnheiten dich daran hindern, die wirkliche Intimität zu erreichen, die notwendig ist, um Level 3 zu meistern.

Die Zutaten für den Gewinn im Spiel des Lebens ist also eigentlich unglaublich einfach:

- Identifiziere deine Lösungen und Ablenkungen richtig
- Beseitige die Ablenkungen
- Gewinne im Spiel des Lebens

Ein einfaches Beispiel: Es gibt ein Problem auf der Arbeit und mein Chef hasst mich, also kann ich entweder eine Lösung verfolgen (meinen Chef damit konfrontieren; hoffen versetzt zu werden; härter arbeiten; usw.) oder ich kann eine Ablenkung verfolgen (jeden Abend feiern gehen; Alkohol trinken; Filme und Serien anschauen; usw.).

Je öfter ich mich für eine Lösung entscheide, desto einfacher wird die Auswahl der nachfolgenden Lösungen, was zu einem eventuellen Aufstieg in ein höheres Level führt. Je öfter ich die Ablenkung wähle, desto einfacher wird die Wahl der nachfolgenden Ablenkungen, was mich zu einem wirklichen Versager macht.

Ich bin für mein Leben verantwortlich

Die erste Art und Weise, wie Menschen zu Misserfolg gelangen, ist, dass sie sich selbst sagen, dass sie nichts gegen die Probleme tun können, die das Leben ihnen bereitet. Man kann aber immer etwas gegen die Probleme tun, die das Leben einem gibt.

Wenn du entscheidest, dass du nichts tun kannst, um ein Problem zu lösen, begrenzt du sofort möglichen Reaktionen auf Ablenkungen. Und wenn du deine Reaktionen auf Ablenkungen genug begrenzt, wirst du ziemlich bald ein Leben aufbauen, das aus nichts anderem als aus Gewohnheiten der Ablenkungen besteht. Du wirst vor allem und jedem weglaufen, immer und immer wieder. Du wirst wahrscheinlich ein Egoist werden, wenn du das tust.

Du musst akzeptieren, dass du für dein Leben selbst verantwortlich bist, egal was passiert. Du musst reagieren, um Ablenkungen nicht zur Gewohnheit werden zu lassen.

Anmerkung: "Egoismus" ist im Wesentlichen eine Neigung zu Ablenkungen über Lösungen. Da die Menschen um dich herum und deine Beziehungen von Lösungen und Ablenkungen profitieren und dich im Allgemeinen von anderen isolieren, wird das ständige Streben nach Ablenkung dich wahrscheinlich zu jemandem machen, mit dem niemand sonst wirklich herumhängen möchte – es sei denn, sie verfolgen dieselben Ablenkungen wie du.

Schreib deine Gedanken auf

Lösungen von den Ablenkungen in deinem Leben zu trennen, ist überraschend schwierig und kompliziert. Das liegt daran, dass wir die Tendenz haben, uns selbst über unsere Ablenkungen zu belügen. Wir reden uns ein, dass wir unsere Ablenkungen brauchen. Wir sagen uns, dass unsere Ablenkungen nur Spass sind. Dass wir sie unter Kontrolle haben und ja, vielleicht bin ich unter einer Brücke in meinem eigenen Erbrochenen aufgewacht, aber zumindest habe ich mich daran erinnert, wo ich das Auto geparkt habe. Siehst du, ich bin verantwortlich.

Aber das Schlimmste ist, dass wir manchmal glauben, dass unsere Ablenkung tatsächlich eine Lösung ist. Wir denken, dass 12 Stunden am Tag im Büro uns die liebevolle Familie geben wird, die wir wollen und uns zur Selbstverwirklichung führt.

Wir können oft Jahre (oder Jahrzehnte) damit verbringen, das zu verfolgen, von dem wir glauben, dass es uns auf ein höheres Level bringt, nur um zu entdecken, dass wir im Grunde genommen seit 10 Jahren uns die Fingernägel gefeilt haben. Obwohl es sich gut anfühlt, haben wir nichts vorzuweisen.

Als solche müssen wir alle die Fähigkeit entwickeln, unsere eigenen Gedanken zu beobachten. Psychologen nennen das manchmal "Metakognition".

Um deine eigenen Gedanken zu beobachten und kein Opfer zu sein, musst du deine Gedanken vor dir hervortreten lassen und so tun, als wären es nicht deine. Nur dann kannst du hören, wie völlig lächerlich sie klingen.

Ein bewährter Weg, dies zu tun, ist, seine Gedanken regelmäßig aufzuschreiben. Das kann ein Tagebuch sein, ein Blog im Internet oder sogar Briefe (E-Mails) an Freunde und Familie. Wichtig ist, dass du dich aktiv mit den Problemen in deinem Leben auseinandersetzt und dein Verhalten aus der Sicht einer dritten Person betrachtest.

Ich weiss, es klingt erstaunlich, wenn du dich dazu entscheidest, deine Probleme zu behandeln, indem du Pillen schluckst und mit einer Reihe von emotional bedürftigen Frauen oder Männern schläfst, nur damit du ihnen später mit Vergnügen sagen kannst, dass sie sich aus dem Staub machen sollen. Das könnte sich nach einer guten Idee anfühlen. Aber schreib es auf. Dann siehst du, dass du so keine Probleme lösen kannst.

Aufhören sich zu beschweren

Jammern bringt buchstäblich nichts. Hat das Flugzeug Verspätung? Taxifahrt zu teuer? Der Lieferdienst bringt eine kalte Pizza?

Jammern nimmt ein Problem auf und verlängert es dann. Es nimmt diese Erfahrung, die von lästig bis hin zu schmerzhaft ist und verwandelt sie dann in dieses soziale Gebilde. Soziale Gebilde sind scheisse, weil wir uns dann verpflichtet fühlen, zu ihnen zu stehen und sie zu verteidigen und sicherzustellen, dass jeder sie versteht und mit uns übereinstimmt. Und dann wird man zu dem Menschen, der darauf besteht, dass dieses

Restaurant schlecht ist und wird seine Meinung bis zum Tod verteidigen, selbst wenn es einem in Wahrheit gar nicht so wichtig ist. Man könnte den Ort sogar irgendwie mögen, wenn man ihn nicht zu dieser grossen Sache gemacht hätte.

Die Leute beschweren sich nicht, weil etwas schlecht ist. Die Leute beschweren sich, weil sie nach Einfühlungsvermögen suchen und sich mit den Menschen um sich herum verbunden fühlen wollen.

Unglücklicherweise ist das Beschweren vielleicht der am wenigsten nützliche Weg, sich mit anderen Menschen zu verbinden. Es ist, als würde man sein Herz trainieren, indem man durch dreckiges Abwasser schwimmt.

Hör auf zu fantasieren

Wir alle sollten mit Tagträumen in unserem täglichen Leben aufhören und das Fantasieren im Allgemeinen loslassen.

Die menschliche Vorstellungskraft ist eine mächtige Sache. Und die Vorstellungskraft ist eine lustige Sache, mit der man spielen kann. Aber wenn man sie auf uns selbst anwendet, kann die Vorstellungskraft zu einer weiteren Form der Ablenkung werden. Es kann ein Weg sein, das zu vermeiden, was für uns im Moment real und wahr ist, ein Weg, stellvertretend durch die Bilder und Ideen zu leben, die uns von anderen eingespeist werden. Es ist ein Weg, um ein Gefühl der Erfüllung zu spüren, während wir auf unserer Couch sitzen, allein und einsam.

Die meisten wiederkehrenden Fantasien, die wir über uns selbst haben, sind Reaktionen auf unsere Unsicherheiten.

Wenn du Jahre damit verbringst, über Reichtum zu fantasieren, dann stehen die Chancen gut, dass du der Typ bist, der den Rest seines Lebens in Armut leben wird. Wenn du besessen davon fantasierst, von allen bewundert und geliebt zu werden, dann wirst du in den vielen Momenten, in denen du deine Kraft am meisten brauchen wirst, nicht für dich selbst eintreten können.

Fantasien sind wie jede andere Ablenkung – sie sind sparsam zu verwenden und für nichts anderes als den reinen Genuss. Wenn sie anfangen, dein Selbstwertgefühl und deinen Wunsch nach Bedeutung in dieser Welt aufrechtzuerhalten, wirst du dich selbst behindern und du wirst nie wieder im Leben aufsteigen.

Wenn wir Kinder sind, sind wir wirklich machtlos gegenüber vielen Problemen im Leben. Deshalb sind wir darauf angewiesen, dass unsere Eltern uns helfen, Lösungen zu finden. Aber je mehr unsere Eltern keine Lösungen finden, desto mehr Ablenkungen müssen wir für uns selbst schaffen, um mit den Schwierigkeiten des Lebens zurechtzukommen. Je mehr Ablenkungen wir für uns selbst als Kinder schaffen und/oder je mehr Ablenkungen uns unsere Eltern selbst beibringen, desto mehr werden sie sich zu Gewohnheiten formen, die sich bis ins Erwachsenenalter fortsetzen werden. Wenn wir einmal erwachsen sind, werden wir vergessen, dass unsere Ablenkungen nur Reaktionen auf Probleme waren, und wir werden zu der Überzeugung gelangen, dass etwas an uns von Natur aus fehlerhaft oder falsch ist und wir es um jeden Preis vor anderen Menschen verstecken müssen.

Und so verbergen wir diese Dinge über uns selbst und um sie zu verbergen, müssen wir uns noch weiter ablenken. Das erzeugt nur diese Abwärtsspirale von Ablenkung und Scham.

Der beste Weg, unsere Ablenkungen loszuwerden und die Probleme, die uns seit unserer Kindheit heimsuchen, zurück zu gewinnen, ist, sie aufzudecken, sie zu teilen, und zu erkennen, dass du kein Freak bist, die meisten Menschen mit denselben Problem kämpfen und dass deine Ablenkungen genau das sind: ungesunde Ablenkungen, um zu kompensieren, wie beschissen du dich selbst fühlst.

Denk daran, das Spiel des Lebens ist so konzipiert, dass es komplex und verwirrend ist. Die Schwierigkeit ist nicht das Gewinnen, sondern das Wissen, was Gewinnen selbst bedeutet. Denn das ist die eigentliche Herausforderung: zu entscheiden, was unser eigenes Leben wert ist und dann den Mut zu haben, hinauszugehen und es zu leben.

Fokus auf die Reise

Wenn es eine wichtige Lektion gibt, die das Leben als Spiel beschreiben kann, dann ist es, sich auf die Reise und nicht auf das Ziel zu konzentrieren. Warum spielen wir Spiele? Damit wir Unterhaltung haben, uns selbst herausfordern oder Zeit mit Freunden verbringen können. Im Wesentlichen ist es die Erfahrung des Spielens, die wir suchen, niemals das Produkt des Spielens. Ich glaube sehr stark daran, im gegenwärtigen Moment zu leben, das Leben jetzt zu erleben.

Einige Leute sind der Meinung, dass der Sinn eines Spiels darin besteht, zu gewinnen. In diesem Fall stimme ich dem nicht zu und ich benutze es, um meinen Punkt hier zu bedienen. Der Sinn eines Spiels ist es nie zu gewinnen, sondern nur die Erfahrungen zu machen, die man nach einem Sieg machen würde. Obwohl ich das als eine wichtige Erfahrung empfinde, waren die besten Spiele, die ich je gespielt habe, wenn ich tief im Spiel vertieft war und Gewinnen oder Verlieren nur eine Richtung war, niemals der Zweck.

Die Menschen nehmen ähnliche Haltungen ein wie im Leben. Man sieht Menschen, die wirklich hart arbeiten und ihre Nase in den Sand stecken, um erfolgreich zu werden. Dabei weisen diese Menschen darauf hin, dass sie hart daran arbeiten, erfolgreich zu werden, um später glücklich zu sein. Indem sie all ihre Gedanken in eine imaginäre Zukunft investieren, distanzieren sie sich von der Realität. Die Vergangenheit und die Zukunft existieren nur so viel, wie man sich auf sie konzentriert. Die Vorstellung von Vergangenheit und Zukunft ist dem physikalischen Universum völlig fremd. Wie Physiker immer wieder betonen, gibt es im Universum keinen physikalischen Marker, der zeigt, dass die Zeit fliesst. Wenn du dich im Übermass auf die Zukunft und Vergangenheit konzentrierst, beraubt das deine Fähigkeit, vollständig zu leben.

Bedeutet dies nun, dass wir unsere Jobs kündigen, einen Haufen halluzinogener Drogen nehmen und ohne Fallschirm springen sollten? Auch dieser Philosophie kann ich nicht zustimmen. Obwohl wir für den Moment leben sollten, müssen wir einen positiven und unterstützenden Zweck festlegen, der unsere Handlungen auf Wachstum und nicht nur auf sofortige Befriedigung ausrichtet.

Auch hier habe ich das Gefühl, dass das Leben als ein Spiel Vorteile hat. Jedes Spiel hat einen übergreifenden Zweck. Beim Poker geht es darum, alle Chips zu gewinnen. Bei einem Kreuzworträtsel ist es, die Antwort auf jeden Hinweis auszufüllen. Beim Schachspiel ist es, den Gegner Schachmatt zu setzen. Dieser Zweck lenkt deine Aktionen, damit du nicht einfach nur aus Spass an der Sache Dummheiten machst. Indem du ein stärkeres Gefühl für den Sinn deines eigenen Lebens hast, kannst du sicherstellen, dass deine Aktionen nützlich und unterstützend sind, aber dennoch auf die Reise des Lebens fokussieren. Diese Reise mag Schmerzen und Opfer beinhalten, aber solange du dich daran erinnerst, dass Herausforderungen das Leben lebenswert machen und diese Herausforderungen zu deinem Ziel beitragen, wird sich die Reise lohnen.

Es gibt viele unterschiedliche Meinungen darüber, wie wir Menschen hierhergekommen sind. Eine wichtige Aussage liegt allen zugrunde – wir sind nun mal hier! Das ist eine unumstößliche Tatsache, zu der wir gezwungen sind, ob wir wollen oder nicht. Wir alle sollten unsere Lebenszeit auf diesem Planeten damit verbringen, sie zu nutzen, Erfahrungen zu machen und Neues zu lernen. Wir können neue Dinge entdecken und auf dieser Reise wachsen.

Manch einer liebt und genießt seinen Aufenthalt, ein anderer nimmt es als Qual. Weggefährten können helfen, diese Qual erträglicher zu machen, helfen zu begreifen, warum und wieso das Leben oft aus schmerzlichen Erfahrungen besteht.

Jede noch so kleine Erkenntnis, die wir annehmen und in unser Herz aufnehmen, ist ein weiterer Meilenstein, den wir auf unserem Weg hinter uns lassen und mit Stolz auf ihn zurückblicken können.

Erfahrungen kann man nicht lehren oder kaufen, nur erlernen und erleben. Wir können erlebtes und gelebtes Wissen weitergeben, aber die Entscheidung, in welchem Umfang diese Integration Einfluss auf den eigenen Lebensweg nimmt, bestimmt jeder für sich.

Nimm die Herausforderung an – erfahre, erlebe und lerne!

Workshops und Informationen unter www.karmawerkstatt.ch